監修 岡田尊司（精神科醫師）
原作 原 WATA
作畫 伊東 FUMI

為什麼老公都不聽我說話？

專科醫師解開
夫妻溝通不良的
關鍵報告

序——讓你幸福也讓你不幸的「愛的方式」的習性

監修 岡田尊司

現在，有越來越多人為夫妻之間的關係感到煩惱、為與父母之間的關係感到痛苦、為育兒感到困惑。每天都有很多為這些事煩惱的人前來我的診所以及合作的心理諮詢中心。

夫妻關係、與父母的關係、育兒這三件事，乍看像是各不相干，其實，都牽涉到「依戀」這個共通的架構，所以關係十分密切。

夫妻關係會產生摩擦、會被育兒不順搞得心煩氣躁，都是因為「與父母的關係中培養出來的依戀」，拉起了一條無形的線。幼年時期，在與父母的關係中，不知不覺形成「愛的方式」的習性，會攻擊我們明明很珍惜的人，或是刻意破壞可能幫助過我們的人與我們之間的關係。

依戀的結構是形成人與人之間羈絆的基礎，而維持這個結構的是名為「催產素」的荷爾蒙作用。催產素又被稱為「愛情荷爾蒙」或「幸福荷爾蒙」。這個荷爾蒙不僅能維持我們與我們珍惜的人之間的羈絆，還能讓我們遠離不安、壓力，帶給我們幸福。

因此，夫妻及親子關係的問題，不僅會帶來煩惱，更會損害我們的身心健康，對幸與不幸有極大的影響。夫妻關係、育兒都順遂圓滿，不但另一半和孩子都會幸福，我們本身也會幸福。

那麼，該怎麼做呢？想改善夫妻關係、跳脫育兒瓶頸，關鍵在於活用從與父母的關係中學到的好的部分，並找出不好的部分，把那個部分改變成高明的愛的方式。

本書會針對每一種愛的方式的類型（名為「依戀模式」），配合具體的案例進行教學，讓大家察覺自己的傾向，以及潛藏在那裡面的意外陷阱，並學會如何改進。

相信每個人都能從中找到改變自己人生的啟發及契機。

目錄

chapter. 4

為什麼不能跟我產生共鳴呢？

chapter. 5

如何討論家庭內的問題？

chapter. 6

活得很辛苦的三位母親

chapter.1

他們
兩個人都
討厭我嗎？

•

缺乏自我肯定能力的
〈不安型〉的特徵

飯做好了。
豐盛～
今日母親之詩
作者．原館陽子
今天我很努力。
平時就很努力，但是，
今天的我真的非常努力。
歡迎光臨
超市
兼職
接小孩
咻啪
啪啪
做飯
辛苦做完兼職的工作後，
去接女兒，
再去超市買東西、
去拿送洗的衣物，
然後花不到一個小時的時間，
做了超過三菜一湯的晚餐……
而且還多加了一盤預先做好的小菜。
有點累，但是，
這都是為了家人，
莫非我其實是個非常賢慧的媽媽？
媽媽～我不要吃了。
咦？
我吃飽了——

我可以去房間，
拿玩具來嗎？
根本都沒吃嘛……
媽媽好難過
還剩下六成
起碼要吃了這個……
不行喔，不好好吃東西會長不大喔，來，張開嘴。
我不要、我不要
怒
我已經吃飽啦！
啊～我都快發脾氣了～
煩躁煩躁
她是要故意激怒我嗎？
那麼，吃這個！乃乃喜歡吃南瓜吧？
對吧？
不要！
嘎鏘
我不要！
真是的，妳這孩子怎麼這麼壞呢！

嗚、
嗚嗚……
抽噎
啊！
糟糕！忍不住……
哇～啊！
我回來了。
嗚啊啊啊
……
啊，你回來了？
剛才乃采香把盤子摔破了……
對不起，我今天很累……先去洗澡了。
抽抽
噎噎
我也很累啊……
為什麼都不聽我說呢？
啪噹
抽抽
噎噎

那之後——
……
咦？
乃采香發燒了？
好燙！
咦！
所以晚餐也吃不下吧？
可是，傍晚時她還很有精神啊……而且，為什麼要責怪我？
沒有啦……我只是確認而已。
那麼，為什麼說得好像很煩的樣子？是我的錯嗎？
妳冷靜點，我從頭到尾都沒說是妳的錯啊。
唉——
因為你明明就在嘆氣！
為什麼會變成這樣？
是我不好，那麼，我去睡了。
明天再吃，覺得沒什麼食欲……晚安。
咦？晚餐呢？
我做得那麼辛苦，老公和孩子卻都沒興趣——

他們兩個人都討厭我嗎？
嗯～～
冒出
看來事情不簡單喔。
!?
驚
您……您是哪位？
對不起，冒昧打擾，我是精神科醫師岡田尊司。
為了配合書，只好這樣出場，嚇著妳了吧？
不過，我看妳好像非常煩惱，還好嗎？
出——場
一點都不好，說不定已經忍到極限了……
哎呀哎呀，太糟糕了……妳願不願意說給我聽呢？
咦，您願意聽嗎？那麼，請一定要聽我說！
發抖發抖
這樣那樣如此這般……
角
原來如此～

陽子小姐是覺得家人都不愛自己嗎？
即使我非常煩惱，老公也是一副很厭煩的樣子……！
他根本一點都不在乎我！
陽子小姐有煩惱、不安時，會馬上說出來，或找人商量吧？
是啊……
而妳先生，可能是有煩惱也會藏在心裡那種類型吧。
不安
煩惱
我該怎麼辦……
聽我說嘛～
煩惱不安
沉默
咦～
我們有煩惱，通常會找人說，對方有煩惱，我們也會聽吧？
可是，要我藏在心裡，我做不到啊～
自己是這樣，對方未必也是這樣。
實際上，反應及應對會因「依戀型態」不同而完全改變。
……？依戀型態？
※或稱「依附理論」
呃，所謂依戀，就像人與人之間相互連結的羈絆。
what?
例如，
陽子小姐覺不覺得自己有以下的狀況呢？
Check it!!

在交友關係、職場上

很在意別人對自己的看法。

會不自覺地觀察他人的臉色。

跟心情不好的人在一起，就會開始擔心……是不是自己做錯了什麼。

別人要求的事明明很奇怪（不當要求），卻無法斷然拒絕。（無法說出自己的意見）

可以馬上變成好朋友，但是，也會因為一點小事就分開……（關係很難長久）

在日常生活上

容易有壓力。

很多牢騷、抱怨。

會被負面情緒緊緊纏住。

身體不舒服，反應就很誇張。

經常陷入自我厭惡（對自己沒自信）

在家人之間
大多時候對小孩
都很煩躁。
沒受到關注，
就覺得人生完了。
討厭
討厭
對另一半很嚴格，
總是有滿腹牢騷，
心情鬱悶。
即使另一半很累了，
也會搶先說自己的事。
情緒一激動，
就會說得很過分，
或是發洩怒氣。
其他還包括「跟自己的父母處得不好」。
哇啊！
沒錯！
根本就是在說我。
您怎麼會知道呢？您是算命師嗎？
不，我是精神科醫師。

我剛才列舉的都是〈不安型依戀模式〉的人的特徵。
不安型……
依戀不穩定的人，在對人關係上容易覺得活得很辛苦。
唔！
沒錯……會那樣是有什麼原因嗎？是天生的嗎？
有部分是遺傳基因，但是，影響最大的還是童年時期的環境。
光是育兒，可能就讓妳心力交瘁了，根本無暇關心自己或夫妻關係。
何不藉這個機會，回顧妳的人際關係，找出方法，讓日常生活逐漸變得輕鬆一些呢？

column 01

在渴望被愛的心情與害怕被拋棄的不安之間搖擺

〈不安型依戀模式〉是指這樣的人

在第一章，岡田醫師告訴我們什麼是〈不安型依戀模式〉。讓我們邊複習，邊更詳細地認識它的性質及傾向。

所謂的〈不安型〉是這樣的人！

- □ 非常在意「別人是否接納自己」。
- □ 對他人表情的變化很敏感，有觀察他人臉色的傾向。
- □ 對拒絕很敏感，有害怕被拋棄的強烈不安。
- □ 關係越親密就會越依賴對方，或採取攻擊性的言行。
- □ 經常把不滿和不安掛在嘴上。

〈不安型〉的人，非常在意**是否被愛、是否被認同、是否被接納……**渴望被愛的心情十分強烈，**害怕被拋棄的不安也十分強烈**，所以，有隨時觀察對方臉色的傾向。

因此，會敏感地察覺對方的表情變化，但是，判斷錯誤的時候也不少，尤其最常解讀對方是憤怒的表情。看到對方稍有拒絕的樣子，就會引發劇烈的不安。有時，為了不讓對方討厭自己，會不惜付出一切，**即使不想做的事也無法抗拒**。

保持適度的距離感往來時，是個溫柔、心地善良的人，但是，拉近距離變得親密的時候，很容易露出難纏的一面，會變得**很依賴對方，湧現想獨占的心情**。〈不安型〉的人，**總是認為「自己沒有優點，不會被愛」**，所以，會依賴親近的人，試圖讓那個人需要自己，希望能藉此安撫自己的心情。

此外，〈不安型〉的人**經常會把不滿、不安等負面的話掛在嘴上**。而且，一說出口，就會變本加厲，說出自己意料之外的極端言辭。尤其是女性，會把不滿和壓力強烈發洩在另一半身上，因為這種事不斷重複而破壞兩人關係的案例也不在少數。

關係越親密，自己與他人之間的界線就越模糊，最後把對方當成自己的一部分，或許可以說是他們的天性吧。

(chapter.2)

活得很辛苦的原因在於童年時期？

•

對人關係的類型決定於幼年時期與父母的關係

回顧自己的過往，讓自己活得輕鬆一些？
可是，醫師，老實說，在這之前……
我也想改變自己，所以看了很多書，嘗試過種種方法，
但是，一直都沒辦法改變……
我看了這麼多書……
喔喔
例如妳做了哪些事呢？
例如正面思考，相信自己做得到……
可是，又會想以前都做不到，現在怎麼可能做得到……
原來如此，妳自己否定了妳自己。
可能就是因為這麼負面，所以不行吧？
唉～
負面

「因為負面」……
嗯嗯…
那麼……
陽子小姐，妳有沒有想過「自己為什麼這麼負面」？
咦？
嗯—
我想……因為性格吧。
天生的…
嗯……
這個「性格」，以我來看，
斷言
就是不安型依戀模式！
您剛才也說過，那到底是什麼意思呢？
不安型？

例如，妳先生煩躁的時候，妳會怎麼樣呢？
他煩躁的時候……？
唉
嗯……我會想是不是我做了什麼，
所以，「他被我惹火了，才會那麼煩躁」……
所以妳會認為他是在生妳的氣？
是啊，常有這種事……
哈哈哈
妳沒想過「他是為了與自己無關的事煩躁」嗎？
嗯～應該不是吧……
唉
驚
咦，我又做錯了什麼嗎？
看對方心情不好，就很不安，心想「一定是我做錯了什麼」！

這正是不安型依戀模式的人的最大特徵。
好在意
好在意
非常在意對方是不是討厭自己、會不會接納自己。
…?
大家不都是這樣嗎？
誰都不想被討厭，但是，
不要拋棄我～!!
咦，怎麼了、怎麼了？
不安型的人，那種想法比一般人強烈。
不想被拋棄、希望被接納的心情，是他們對人關係的基礎。

陽子小姐總是認為別人煩躁的原因在於自己，
煩躁煩躁
是我的錯？
心情快點好起來吧。
所以會花過多的心思在對方身上，試圖討對方歡心。
可、可是，實際上……
我從以前就常讓別人感到煩躁，女兒和老公也常嫌我煩……
我討厭媽媽！
討厭
討厭
…
我娘家的媽媽現在也還是會對我碎碎念。
妳想得太天真了。
妳太在意了。
有點擔當嘛。
跟老公親近點嘛。
都怪妳這個樣子。
那是妳的錯。
啊……我實在太糟糕了……
原來如此，妳母親……
……
嗯……

陽子小姐，
妳的不安型依戀模式，原因很可能在於妳與母親的關係。
咦，
我跟母親？

人的依戀模式，是依據小時候的經驗，在後天形成的。
與父母之間的關係若是不能讓孩子感到安心，
孩子就無法相信父母，會隨時觀察父母的臉色、心情好壞。
這樣會成為習慣，長大後在對人關係上，也會有活得很辛苦的感覺……
或許陽子小姐也該回顧一下小時候的事。
小時候……

說不定那裡面會有改變自己的啟發。
醫師，您是說……
我與母親之間有問題嗎？
妳有想到什麼嗎？
老實說是有，可是……
媽媽－
哇～
這樣的我正在養育小孩呢……
我家不會有問題吧？
乃采香，對不起……

依戀模式不穩定的母親，也容易有為育兒感到煩惱的傾向。
刺中
果然是這樣
今後我該怎麼辦……
發抖發抖
可是，不用擔心，
陽子小姐，妳正如此努力地試著面對自己的問題，
而且，更重要的是，妳非常珍惜自己的家人，不是嗎？
這一點非常重要！
了解自己這件事，是最首要的一大步，
不要急，慢慢地向前邁進吧。
醫……醫師～

chapter.3

想傾訴煩惱的妻子與不想傾聽的丈夫

•

依戀模式不同的夫妻經常發生的事

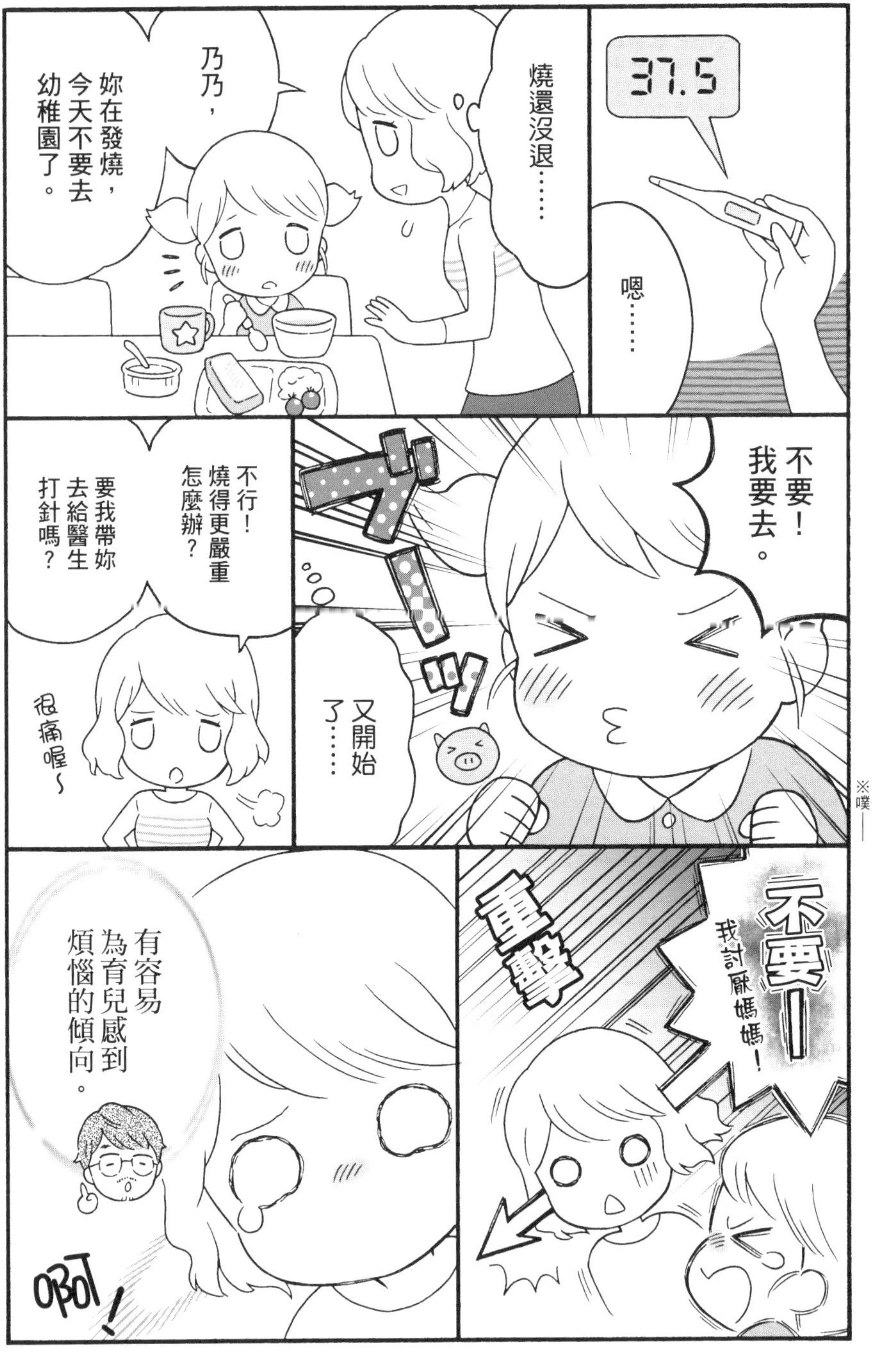
37.5
嗯……
燒還沒退……
乃乃，妳在發燒，今天不要去幼稚園了。
不要！我要去。
ゴーッ
又開始了……
※噗—
不行！燒得更嚴重怎麼辦？
要我帶妳去給醫生打針嗎？
很痛喔～
不要—
我討厭媽媽！
重擊
有容易為育兒感到煩惱的傾向。
啊！

是不是帶她去醫院比較好呢？
啊，不過，睡一整天，到了傍晚也可能會退燒……
嗯，很難說。
呼嚕…
如果妳能帶她去，還是去看一下比較好吧？
說得好像事不關己……
她是你的女兒啊！
啊！我要打電話去打工的地方。
可是，我不久前才提早下班，不好再請假了……
嗯……
妳媽媽呢？
原因很可能在於妳與母親的關係。
拜託她，她應該會去，可是……
又會對我碎碎念。
妳一定要打工打到這種程度嗎？
在乃采香長大前，就不能待在家裡嗎？
嘮叨
嘮叨

……
靜——
為、
為什麼不說話？
起碼說句話嘛，譬如說……
……
「老是讓妳承擔，對不起」，或「如果能偶爾換我請假就好了」。
這種時候，
不知道老公在想什麼，會感到不安。
有種……
很孤獨的感覺。

最後我還是向打工地方請了假，照顧女兒。
呼
睡得很熟，太好了～
叮咚
9:43
有新的訊息
關閉
顯示
是打工地方的田中妹
啊～
又麻煩她了……
乃采香還好嗎？我可以幫妳代班！所以，妳放心照顧她吧。
再這樣下去，總有一天她會受不了，會討厭我。
我要馬上回覆她！
重壓
罪惡感
「謝謝妳一直以來的幫忙，乃采香現在」……
田中妹
采乃香現在狀況穩定，應該沒事了。老是麻煩妳，真的很抱歉！
叮咚♪
傳送！
謝謝妳一直以來的幫忙。

非常在意對方
是不是討厭自己、
會不會接納自己……
好沮喪……
嗚嗚…
……
為什麼都是我
在麻煩別人呢？
老公要工作，
有他不得已的
苦衷，
可是，可以再為家人
多著想一點吧？
難道老公已經
不在乎我跟
乃采香了嗎？

為什麼家人有困難，卻不幫忙呢？
妳是不是這麼想？
對不起，從背後出現。
冒出
醫師!?您什麼時候……
神出鬼沒!!
陽子小姐跟先生之間沒有交集，正是……
咕嘟
正是……？
依戀模式不同的夫婦的典型型態。
登登登——

咦，這次又是什麼意思？
因為依戀模式與人際關係有很深的關係。
強烈渴望愛情的不安型依戀模式，對另一半的期待值有特別高的傾向。
高升
期待值
不安型
穩定型
太想確定自己是否被愛——
你喜歡我嗎？
為什麼不回答？
你已經厭倦我了嗎？
對方不理睬自己，就會非常不安，生對方的氣。
為什麼不跟我連絡？
你根本不在乎我吧～！
不安
不安

可以再為家人多著想一點吧？
陰鬱
即使我非常煩惱，老公也是一副很厭煩的樣子！
陰鬱
為什麼不說話？
嗚～
孤獨…
我不認為我對他的期待值很高，不過，可以想到很多類似的情況。
嗯嗯
嗯嗯
不過，
從兩位的對話來看，妳的先生也一樣，有令人擔憂的地方。
不穩定
不安型
迴避型
妳的先生很可能是〈迴避型依戀模式〉……
特徵與陽子小姐的不安型全然不同。
這也是不穩定依戀模式的一種。
迴避型……？
也就是說，我家有新的問題……
原館家會變成怎麼樣!?

column 02

活用〈不安型〉的人的優點

在這之前，我們看到了〈不安型依戀模式〉的人活得有多辛苦，但是，同樣的性格也可能成為優點發揮作用，現在，讓我們看看好的一面。

會觀察對方臉色的〈不安型〉的人的性格，**反過來說，也是一種優秀的能力，可以敏感地察覺到對方是怎麼樣的感受**。在對方難過、寂寞、悲傷時，說不定能夠最早察覺那樣的徵兆。

此外，不安型渴望被人需要的心情十分強烈，所以，**有照顧他人也不以為苦的一面**。甚至可以說是，想藉由照顧他人，來滿足沒有被滿足的自己。而且，因為**共鳴能力也很強**外，在其他人際關係上，也能活用獨特的性格，**成為療癒人、拯救人的存在**。這是其優點。

以職業來說，適合可活用這種特質的服務業或是社工等相關工作。而就算並非從事以下所舉職業，在其他人際關係中，也可成為療癒他人、拯救他人的存在，請發揮自己的本質生活下去吧！

適合的職業

- □服務業
- □待客業
- □販賣、業務職務
- □福祉、醫療相關職業

chapter.4

為什麼不能跟我產生共鳴呢？

•

生性呆板，不善於討論沉重的議題……〈迴避型〉的特徵

陽子小姐對先生有哪些不安……
可以詳細地告訴我嗎？
譬如，對剛才那種家人的問題，他也都很冷漠，一副事不關己
的樣子……
如果妳能帶她去，還是去看一下比較好吧？
靜……
…
還有昨天的事。
………
在緊要關頭，他總是沒反應……我不知道他在想什麼。

這樣啊……
嗯—
Q.
妳先生從以前就是這樣嗎？
嗯……
感覺結婚前他比較會理我。
怎麼辦！
怎麼了？
他會客觀地給我建議，或是冷靜地處理問題。
這樣那樣
放心！
這樣啊……
謝謝。
我在那種時候，經常會驚慌失措，所以覺得他很可靠。
可是，現在他已經變了。
嗚
嗚
我覺得……他已經不愛我們家人了。

陽子小姐，妳又表現出不安型的習性了。
呵呵呵
啊！
要不要用手帕？
反省……
呵呵…
妳先生改變應對的背後，
有妳先生自己的理由。
結婚前
這樣OK。
沒問題。
乾脆俐落
結婚後
……
靜……
是陽子小姐想都想不到的理由。
老公的理由……
迴避型的人的思考迴路，會讓不安型的人乍看覺得莫名其妙。
不安型
他不過來嗎？
？
？
迴避型
扭頭
……
讓我一人獨處。
依戀型態不同，反應方式就會有這麼大的不同。

那麼，來談談〈迴避型依戀模式〉吧。
迴避型依戀模式就是——
迴避型喜歡保持距離的人際關係。
與不安型正好相反
距離
尤其缺乏共鳴能力。
然後～
嘰嘰
喳喳
…
真好～
哦！
…
無法分享情緒上的感覺……
對吧～～對吧～～？
野狼先生也是這麼想吧？
咦…
呀
呀
甚至很容易覺得是負擔。
嗯，不好說。
我最不擅長這種事……
沒有共鳴
……
很難說。
正是我老公！
覺得是負擔
我很累了，以後再說。

另一個特徵是，
迴避型有逃避紛爭的傾向。
因為不擅長與人發生衝突，
這裡最好這麼做～
不對，這樣的話……
那裡應該那麼做……
我是不是該告訴他們呢？
所以會主動讓步，讓事情圓滿結束。
你覺得怎麼樣呢？
我、我、我會聽從大家認為好的意見。
陽子小姐傾訴煩惱時，
先生很容易出現無反應狀態，可能就是這個理由。
A>B
你覺得怎麼樣呢？
選A吧？
……
嗯，不好說～
我不知道……
B!!
A
B

那麼，他一直都沒反應，
並不是不關心家人，而是迴避型的習性？
是的，迴避型的人，在對方有煩惱的時候，
也就是——在對方感到不安、需要幫助時，越會關閉心扉。
怎麼辦～我好煩～幫幫我～
對不起，我現在沒辦法……
啪噠
心之門扉
!?為什麼～
我該怎麼辦～
嗚哇～
另一半難免會覺得「對方好冷漠」、「對方不愛我了」、「對方不在乎我了」。
對妳先生來說，沒反應或許是最好的決策。
先表示贊同
不要有反應
最好！
陪伴、協助
根本沒有這些選項
就這樣。
咦～對我來說根本是反效果啊。
不過，老公的想法，的確跟我幾乎相反。

可是……
這樣我會很困擾。
那種性格
不能改變
嗎？
育兒
還是要
夫婦兩人
同心協力
才行！
已經成為習性的
依戀模式，
沒那麼容易改變。
妳說的沒錯，但是……
就像陽子小姐
被說「要正面一點」，
也很難做到。
唔……
說得也是……
可是……
夫婦若能
彼此理解「對方是
想法跟自己
不一樣的人」，
理解
而且，
努力體恤對方，那麼，
對小孩應該也會有
好的影響。

陽子小姐的〈不安型依戀模式〉，尤其會對對方有很高的期待，所以……
老公變了
上升
啊！
沒錯！差點忘了…
馬上滿腦子都想著希望老公可以改變。
為了靠近迴避型的先生，首先，
妳要有以下的認知——「自己對對方太過期待」、「對方不喜歡太被期待」。
太過期待
要有認知
請不要太期待
關係性應該可以往好的方向改變！
是……我會小心。
老公變了
前途多難…

column 03

生性呆板、冷漠，偏好保持距離的人際關係

〈迴避型依戀模式〉是指這樣的人

在chapter 3，出現了名為〈迴避型〉的新依戀模式。
我們也來看看這個與〈不安型〉可以說是完全相反的性格和傾向吧。

〈迴避型〉是指這樣的人！

- □ 生性呆板、冷漠，很少真的興奮起來
- □ 喜歡保持距離的對人關係
- □ 很重視不受束縛，討厭被依賴
- □ 盡可能避開瑣碎、麻煩的事
- □ 不關心對方的心情，感覺有點遲鈍

不管對任何事，都保持一定程度的清醒。**善於壓抑情感，很難興奮起來**……迴避型就是給人這種冷漠印象的類型。相較於感情脆弱、太多情的人，就某方面來說，這種人說不定比較現代化，也比較吸引人。但是，這裡面有陷阱。

因為不善於表達自己，所以**不太會把自己的事告訴別人**。即使向他們表示好感，也只會得到冷漠的回應。因為**不善於理解感情的微妙之處**，所以也不會察覺對方的難處。但是，**遇到自己有興趣的事，即使對方覺得很無聊，也會說得口沫橫飛**。

對迴避型來說，**最重要的就是「不要受束縛」。喜歡保持距離的人際關係，不依賴人，也不想被依賴**。因此，即便是親密關係，當對方想共享情緒上的東西時，也會覺得「好沉重」。

對於自己所屬的家庭、公司、學校等集團，也都沒興趣，完全不想與他們融合，加深彼此的情感，只**希望不要背負不必要的責任**，這就是迴避型。不過，因為宗旨是不依賴他人，所以，是非常重視自我責任的類型，會小心不給他人添麻煩。

此外，**不善於處理與人發生衝突的狀況**，也是特徵之一。為了逃避「糾葛」這種心理狀態，在可能發生衝突時，會寧可自己先退讓，這就是迴避型。

這種無法應付「糾葛」的性格，其實會發展成**易怒**。平時忠厚老實，但是，感受到壓力，無法承受時，很容易突然採取攻擊性的言行。

這樣的迴避型，雖然性格呆板、冷漠，但也因為這樣，有保護自己免於受傷的一面。內容會在下一頁的column中詳述。

討厭人，卻又害怕獨處的〈恐懼．迴避型依戀模式〉

雖然漫畫裡沒有出現，但還有與〈迴避型〉類似，名為〈恐懼．迴避型〉的次型態。這類型同時具有迴避型與不安型的性格，大多比迴避型和不安型更不穩定、更容易受傷。

不願對任何人敞開心胸，卻又無法不在意他人的反應，會隨時注意他人的臉色。但是，與人接觸時就會擔心「會不會發生不愉快的事？」無法形成親密關係……有這樣的矛盾。可以說是原本非迴避型的人，因為受到依戀的傷害，所以採取了類似迴避型的戰略的類型。試圖與人拉開距離，以取得平衡。

這種〈恐懼．迴避型〉，是在與父母（養育者）的關係中受過傷害，至今仍受影響的〈未解決型〉的人最常見的傾向。所謂未解決型，是指父母因死亡或離婚而不在、或被虐待及忽視等因素，在與父母的關係中形成傷害，一直未能解決，因而在對人關係上帶來全面性影響的類型。除了〈恐懼．迴避型〉＝〈未解決．迴避型〉外，還有更容易受傷、對於被拋棄這件事特別敏感的類型，名為〈未解決．不安型〉（會在P.80詳述）。

這種類型，完全不善於處理對人關係，卻又拋不開與人相處的渴望，因此經常受傷。而且，越想得到對方，就越無法好好相處……很容易陷入傷害更帶來傷害的結構，所以，必須治療兩者的傷害，以免把過去的傷害，帶進現在的夫妻、親子關係裡。

活用〈迴避型〉的人的優點

前面提到的〈迴避型依戀模式〉的人，跟〈不安型〉一樣，其特徵亦可成為優點。

總是與人事物保持距離，不會被任何事驅動的迴避型的人，**非常能承受來自內外的壓力**。這樣的性格，適合在重大壓力做正確判斷、採取正確行動的職業——例如，經營者、技術人員、研究人員等。

他們不會受限於現有的常識、不會受制於阻礙，可以在保有自我的狀態下前進，以新的發想創造事物。我們只要想想現今活躍於創投企業的經營者，便能了然於心。

此外，**他們也適合必須公正或中立的工作**。因為不會被人際關係或當下的情緒影響，所以能夠冷靜地分析現況，做正確的判斷。

而且，這樣的性格，應該**也適合需要循序漸進的毅力的工作**，例如專業人士等。

適合的職業

- □經營者、專業工作
- □技術人員、研究人員
- □作業員、工匠
- □司法相關工作

column 06

因為帶著創傷，所以也有能成就大事的一面

〈不安型〉、〈迴避型〉的共通點，就是**「擁有極高的創作能力」**。

從懂事以來，就無法與他人及世界融洽相處，覺得活得很辛苦的人，會因此更加認真思考自身的事，掙扎著想解決活得很辛苦的感覺。這樣的掙扎往往會與創作活動相連結，也有可能成就大事。

揚名後世的人當中，有不少在依戀上帶著創傷的案例。

最具代表性的是，佛教的創始人**釋迦牟尼佛**。以王子身分誕生的釋迦牟尼佛，因為母親在生下自己後死去，所以對於自己用母親的生命換來的出生感到疑惑。在沒有母親的環境中成長的釋迦牟尼佛，內心一直抑鬱不樂，不久後便拋棄王子身分、拋棄家人，出家了。

在活得很辛苦中掙扎，也往往會與創作活動相連結。知名的文豪當中，也有很多人應該是在依戀上帶著創傷。例如，**夏目漱石、太宰治、川端康成、谷崎潤一郎**……外國作家有**海明威（Ernest Miller Hemingway）、尚・惹內（Jean Genet）**等。從他們的作品及軼聞，便可推測他們有依戀上的困難，在這裡就不詳細說明了。

chapter.5

如何討論家庭內的問題？

•

〈不安型〉與〈迴避型〉在面對壓力時竟然如此不同！

醫師～～～！
已經到達極限～
聽到我叫您，請出來！
唷唷，怎麼了？
嘎喳
醫師！
真的來了
這次有什麼煩惱呢？
呵呵呵……醫師永遠都在患者身邊……
老實說，我昨晚曾想好好跟老公談談……
呃、
呃，我有話要對你說。
毅然

我想在育兒上，還是夫妻一體，對乃采香會比較好……
提起！
我一直感到不安，可能對你造成沉重的壓力，我以後會注意。
反省…
如果你願意聽我說，我會很開心。
靠近
腦內模擬
很好！以這種感覺切入，一定可以……
怦怦
怦怦
有話？
發生了什麼事嗎？
咦？
並不是具體發生了什麼事，勉強來說……就是重要的事？
……
重壓
重要的事…
不是出了什麼問題吧？
對不起…我平日實在沒什麼時間。
!!
※重擊……
フラ～
但是，週末也許……咦，沒在聽……

事情就是這樣……
發抖
發抖
嗒嗒
我活用醫師的建議，想出了不會對老公造成壓力的談話方式……
他卻連談話都覺得沉重。
嗚
枉費妳試著靠近他，太可惜了。
週末也許……
沒在聽
重擊
重擊
重擊
不過，週末好像會聽妳說啊……
我沒辦法把這個心情一直拖到週末～！
WEEKEND
TODAY
在好幾天的等待中，我會越來越不安～
沮喪…
先聽我說一下，有什麼關係呢……
而且，

老公如果願意對我發點工作上的牢騷，我也會聽啊！
他即使有煩惱，也什麼都不會說！
我們是夫妻啊～！
呵呵呵……
醫師！這種事不好笑！
我是真的非常煩惱！
Sorry…
哎呀，抱歉……
我是想到妳先生果然是個典型的迴避型。
就不禁……
當壓力不斷累積，不安情緒高漲時，「是否求助於人」決定於依戀模式。
壓力・不安大賽
依戀模式類別 對抗賽
……
迴避型
怦怦
怦怦
不安型
求助於人……？

當不安與壓力高漲時，人通常會想找能讓自己安心的人商量，
朋友
家人
壓力～
怦怦
怦怦
我有話要說，聽我說～
或是希望能得到他人的安慰。
聽我說嘛～
事情是這樣、那樣
咦～太過分了，妳很難過吧？
緊繃
像陽子小姐這種不安型的人，也會有太過度的傾向。
求助於人的意願
不安型
安定型
哇！
聽我說嘛！
聽我說。
同樣的壓力
哈哈哈……
但是，像妳先生那種迴避型的人，正好相反。
？？
相反？也就是說……？
越是感受到強烈的壓力，越是不想跟人說話。
簡單來說就是……
求助於人
意願原本就不高。
壓力0
壓力100
因壓力而急速下降
不想說話
不求助於人

咦～～
我完全無法理解那種感覺……
竟然寧可獨自承受不安……
這一點或許是很容易看得出來的差異。
話說，
迴避型的人，不求助於人，是因為……
有幼年時期想向父母撒嬌，卻被拒絕或忽視的記憶，
拒絕
別過來！
不要撒嬌！
忽視
……
從那裡衍生出「自己不需要那種東西」的想法，因此養成保護自己的習性。
自我防衛
我才不需要父母那種東西
哼！
結果，
共鳴？那種東西太麻煩了。
煩死人了，我不需要感情這種東西。
去、去！
很容易變成一匹狼的生活模式。

……
對了，老公家沒有父親，他是三個孩子裡的老大，可能沒有讓他撒嬌的環境吧？
婆婆
非常呆板
長女
很會撒嬌
次男
交際能力不錯
長男老公
是個能幹的人但沉默寡言
老公不太跟我說小時候的事，所以，這只是我的推測……
這麼一想，就覺得老公對育兒毫無反應，也是可以理解的事，無可厚非……
忽視？拒絕？
…
(以前)童年時期
爸爸
…
不太有反應～
(現在)成為育兒世代
他是不知道該如何與小孩子相處吧？
這是根深蒂固的問題吧？
不穩定的依戀模式，很容易在親子間遺傳。
對了，您也說過我的不安型原因與母親有關。

醫師……我很不願意去想，但是，我跟老公都是那種狀態，
不安…
今後可以順利把女兒帶大嗎？
老實說，我非常不安……沒有自信。
陽子小姐，妳絕對沒問題！
家裡有像陽子小姐這樣，想朝「改變自己」邁進的人，
一定可以變成良好的家庭關係。
醫……醫師～～
那麼，
具體來說，我到底該怎麼做呢？
衝勁！
喔喔
積極起來了呢！接著來談談那個祕訣吧。

column 07

何不試著回顧與父母的關係？

在chapter.5提過家庭關係，但是，當自己成為當事人時，就很難客觀地回顧過往。在這裡，我要教給大家簡便的檢視方法。

●請回答以下的問題

①請用想得到的5個形容詞，回答你與父母（父親、母親各自）的關係。

②請針對剛才回答的5個形容詞

回答各自具體呈現的童年時期經驗。

③童年時期有煩惱時、生病時、受傷時，父母是怎麼樣的反應？

④若是童年時期，有過與父母生離死別的經驗，

那麼，你對那件事是什麼感覺？

⑤在與父母的關係中，你若有過受傷的經驗，那麼，是怎麼樣的事？

⑥你對父母的感情曾經有過變化嗎？

是怎麼樣的變化？

⑦現在你對父母是怎麼樣的感覺呢？

這樣的問題列舉，稱為「成人依戀面試」，是心理諮詢時使用的方法，可以做自我診斷。把焦點擺在與父母（養育者）的關係上，檢視內心如何處理這種事。若是〈不安型〉、〈迴避型〉，會有怎麼樣的回答傾向呢？讓我們從下一頁看起。

〈不安型〉的人的幼年時期

不安型的人想起關於父母的事情，會傾向**根據痛苦、悲哀、受傷的經驗，說出負面的話**。被問到那些問題，也會出現情緒化的反應。對父母的渴望與憎恨的感情盤根錯節，有強烈的偏執想法。

有不少不安型的人，是**小時候有被父母極度疼愛的時候，也有被強烈拒絕或苛責的時候，在兩者差異懸殊的教育方式下成長**。在父母眼中是「好孩子」的時候，就會被疼愛，在父母眼中是「壞孩子」時，就會被猛然推開……

這樣對待孩子的父母，本身也有依戀的創傷，應該是有不安型的性格。如前面所述，不安型的溝通密度原本就高，所以，不穩定的言行，也會強烈傳達給孩子。

結果，孩子呈現出來的傾向，就是會觀察父母的心情好壞，一方面想得到父母的寵愛，一方面又因有可能再被拒絕的不安而心生恐懼。

〈迴避型〉的人的幼年時期

迴避型的人，**對幼年時期的父母的事情幾乎沒有印象，有不太想得出來的傾向**。敘述與父母關係的話語，也是大致上以正面的形容詞來表現，但說到具體的內容，就稍嫌模糊不清，特徵是缺乏特別深刻的回憶。覺得自己與父母的關係跟一般人一樣，卻不太想得出哪裡好，沒什麼記憶。

迴避型又稱〈依戀輕視型〉，相較於不安型，不是那麼重視父母，對父母的期待度原本就低。這些人大多是幼年時期，**缺乏父母的照顧，或是撫養他們長大的父母，給予他們的不是愛情與照顧，而是誤把金錢及物質的給予、以及讓他們學習才藝當成是愛情**。會變得冷漠，也可以說是追求愛情及體貼的迴路沒有發育成長。

我在P．48的column03已經說過，迴避型的人有靠呆板、冷漠，保護自己免於受傷的一面。壓抑想向父母撒嬌卻被拒絕、或是在希望得到照顧的時期沒有得到照顧的童年時期的記憶，就是迴避型的根源。

chapter.6

活得很辛苦的三位母親

首先，來看一個不安型的母親的例子。
〈不安型〉過度干涉的A子
咦，
你怎麼了，A夫？
破爛
我跟T郎小小地打了一架…
我跌倒……
這樣哪叫小小啊？
難道是…霸凌？
噗咻！
媽媽……？
媽媽會陪著你，我們一起度過！
咦？
小學
校方不採取任何行動嗎？

我覺得這件事顯然有問題！
原……原來如此。
A夫，是這樣嗎？
我們只是……小小地打了一架。
他自己怎麼敢說呢？
嘎噹
你想得太不周到了！
這位母親，請冷靜點……
……
好丟臉…
當天晚上——

咦，霸凌……？
是這樣嗎？A夫。
沒啦……並沒有……
你也跟老師 樣！他哪敢說呢？
我不問怎麼知道呢！
嘎鏘
我以前就是那樣啊！
妳跟A夫不一樣吧？
妳就是這樣，馬上憑自己的想法貿然處理……！
什麼!?
我這麼拚命在處理這件事，你為什麼不懂呢？
……
啊哇哇
呀
呀

算了！我要打電話去T郎家！
哇啊啊啊
喂，
不要打，會把事情搞砸！
那就多聽聽我說的話啊！
啊哇哇哇
明明是我的事，為什麼都不聽我說呢？
媽媽會像擴音器那樣，用很大的聲音，把我的事告訴大家。
不要欺負我的兒子～
A夫會這麼想，
再也不跟爸媽說出真心話了。
結果請看column08。

接著，來看一個迴避型的例子。
〈迴避型〉不關心孩子的B子
媽媽！
妳看這個！這是我今天在學校做的呢。
老師稱讚我說做得很好呢。
妳看妳看
啊，
對不起，等一下……
喂喂？
……
我不要等一下，我要現在！
喂～媽媽！
哇
對不起，我換個地方……

嗚哇
嗚哇
哭得很大聲呢。
沒關係嗎？
啊，沒關係。
這種時候——
你很厲害呢，好可愛！
手真巧呢～
是不是應該做出那樣的反應呢？
那孩子是不是也希望我那麼做呢？
好難應付……

某天的媽媽聚會
媽媽，這個好難吃！
不要
M妹，說話可以小聲一點嗎？
S弟，那個會燙吧？要先呼呼吹涼喔。
呼呼呼呼
我知道啦～討厭～
B太弟很沉穩呢。
是嗎……？
他有不吃的東西嗎？
我家孩子都不吃蔬菜……
嗯……
沒有吧……
好難交談……
好棒啊！M妹也要加油喔。
我不要
我討厭吃青椒……
嘟囔
……
這種場合也好難應付……

某天——
咦，
他害朋友受傷了？
體貼
體貼
體貼
還好……不是很嚴重，我想只是孩子打架，但是……
對不起……
我想還是跟您說一下……
B太最近好像有點頑皮……
在家裡怎麼樣呢？
沒有……
沒有特別……
真的想不起來
迴避型的人，即使是自己的孩子，也很難建立起情感上的羈絆。
對本人來說，或許不是問題，孩子卻會漸漸對愛情產生饑渴。
結果會怎麼樣，請看column 09。

最後來看有點嚴重的例子……
〈未解決不安型〉情緒不穩定的C子。
喂，你要去哪？去那個女人那裡吧？
喂，我都知道啦！
妳很囉唆耶，我去打柏青哥啦……
騙人！
喂，你別走啊！
…
啪答
媽……媽媽……
不要吵！
讓我靜一靜。
對不起……
哇——

C子是戀愛體質，與女兒的父親分手後，
第一任
好帥啊♡
生下了女兒
也一直都有男朋友，
第二任
我們要永遠在一起♡
經常在換男朋友。
第三任
你才是我的唯一♡
理由很清楚，因為C子在剛開始交往時，會渾然忘我…
你希望我怎麼做？
你要吃什麼？
但關係深入後，就會執著到令人害怕，變成了依賴。
喂！
你要去哪？為什麼！
對女兒來說，不但父親這個存在不停地在改變，
母親的心情也是時好時壞，這種極度不穩定的環境，
從她懂事以來就持續至今。

C香——
讓妳久等了，對不起！
今天去外面吃妳喜歡的東西！
抱
我想吃……
漢堡
OK！叫爸爸帶我們去好吃的地方吃～
他回來了嗎？
嗯，好像真的去了柏青哥。
他說贏錢了～
心情好的時候，C子會很溫柔、充滿魅力。
但是，女兒完全無法知道，那個好心情什麼時候會180度大改變。

原來妳不吃紅蘿蔔啊？
!!
驚
不、不，我吃……
這個人一生氣，媽媽又會哭…
吞
這小鬼很注意我的臉色呢。
好煩……
咦，對不起……
應該是像妳吧？
咦……哪是！
對、
對不起……
母親看男人的臉色，女兒看母親與男人的臉色。
啐！
結果……會怎樣呢？請看column10。

column 08

母親是〈不安型〉，孩子會怎麼樣？

↓在母親面前是個「好孩子」……變成不敢說真心話的雙重性格

A母親應該是典型的〈不安型〉。對母親來說，孩子是非常親密、具有高關心度的對象。不安型的特徵之一，就是與他人的距離越近，自己與他人之間的界線就越容易變得模糊。

對孩子來說，狀況會因母親的心情而瞬息萬變，是非常不穩定的處境。再加上溝通密度高、反應又常常很激烈，更促使孩子不敢說出真心話。**對母親來說是「好孩子」的自己、與其實不是那樣的自己的雙重人格**，就這樣產生了。因為在母親面前會只表現出好的部分，不會表現出不好的部分。

在這種環境下長大的孩子，同樣會具有不安型的性格。**他們會扮演他人心目中的好孩子。為了不被討厭，會過度配合對方。但是，一旦邁入可以說真心話的親密關係，就會過度要求對方……**說來諷刺，那種行為就像以前把他們耍得團團轉的母親的反應。

也很容易追求**完美主義、零百思考**（不是1就是100的極端思考），**內心往往積藏著壓力**，一旦崩潰，就可能產生憂鬱、不安障礙、飲食失調等症狀。

column 09

母親是〈迴避型〉，孩子會怎麼樣？

↓表面上沒有問題，但是，會出現家庭之外的問題行為

B子是典型的迴避型。相較於不安型，本人很多時候都不覺得辛苦。而且，也很少有情緒不穩定或大吵大鬧的時候，所以，表面上沒什麼問題，親子之間發生的問題，不太會浮出檯面。即使會出現問題，也只是像B子那樣，在其他對人關係上，無法建立親密關係而已。

在這種父母教育下成長的孩子，大多是看起來獨立自主、沒有什麼問題的孩子。但是，不久後，有的孩子會在學校出現不適應症、闖禍、鬧事等**家庭之外的問題行為**。迴避型的冷漠態度，會有引發周遭否定性的反應，或因採取不顧對方心情的行動而遭誤解的危險。

在學校或職場，也有許多案例會因為無法與周遭人融洽相處而被孤立，陷入**繭居、拒絕上學、職場不適應症**等狀態，或是為了逃避現實的不愉快而迷上酒精、電玩、賭博。不依賴他人也不撒嬌的迴避型，只能把那些行為當成心靈的避難所。

對自己本身的心情及傷痛，也同樣反應遲鈍。**即使壓力已經累積到腐蝕身心的地步，也不會察覺**，有時會因此造成胃潰瘍、身心疾病、精神官能症、恐慌症等。

column 10

母親是〈未解決不安型〉，孩子會怎麼樣？

↓情緒不安定，言行中有自我毀滅的傾向

從這個母親身上，可以看到column 04所介紹的依戀中，最不穩定的類型〈未解決不安型〉的特徵。如前所述，未解決型的人，是一直沉溺在幼年時期造成的心靈創傷中，全面影響到對人關係的類型。再與不安型相結合，就成了未解決不安型，**特徵是會為了一點小事改變心情的情緒不穩定，以及自我毀滅的言行**。當這個傾向強烈到足以破壞生活的程度，就是所謂的「邊緣性人格障礙」。即使還不到被診斷為那種狀態的程度，只要呈現這種傾向，大部分都與依戀的創傷相關。這種性格的父母親撫養長大的孩子，也很可能呈現相同的傾向。

這種類型的人，動不動就會受到傷害，經常反應過度，所以在人際關係上會產生很多問題，卻又**無法忍受孤獨，總是在追尋可以依賴的人**。但是，得到可以依賴的對象時，又會有緊緊纏住對方的傾向，若是對方不順自己的意，還會攻擊對方……

經常搞到他人與自己都傷痕累累，陷入創傷帶來創傷的負面螺旋裡，所以，首要之務就是治癒創傷，以及維護對人關係。

chapter.7

來打造心的「安全基地」吧

•

會大大改變孩子的性格與未來

看來，除了我之外，還真的有各種類型的不穩定的母親呢……
而且，大家好像都很辛苦……
共通點是，幼年時期都受過某種依戀的創傷——
帶著依戀的創傷
成長
那個創傷一直未得到解決。
沒錯……
我也是未解決吧？
陽子小姐已經靠回顧自身的思考及行動，
察覺到「不穩定的依戀」，所以已經開始「解決」了。
為了具體解決，今後——

醫師……
我總是看人臉色，活得戰戰兢兢，度過了盡是不安的人生，
所以我不希望女兒跟我一樣。
我希望她活在覺得被人疼愛的人生裡。
所以，我想以女兒為優先！
我的問題以後再說！
妳真的非常為女兒著想呢。
既然如此，更要解決！
不可以以後再說！
閃亮
驚
!?

母親穩定下來，能帶著沉穩的笑容生活，
是孩子穩定成長的基礎，比什麼都重要。
可、可是，
那麼，我該怎麼做……
繼續剛才所說的，
陽子小姐想解決，
咚
需要「心的安全基地」！
安全……
基地？
SAFE
BASE?

是的
轟轟轟轟轟
有沒有安全基地，是追求穩定的重點。
醫師燒起來了！
超級岡田醫師
完……完全聽不懂。
對不起，等一下我家會燒起來……
熊熊燃燒
喔，失禮
陽子小姐的話，讓我非常感動，全身就不禁熱了起來。
哈哈哈
咻～
原來是感動成那樣……
請容我依序說明。
幼年時期，若與母親之間形成穩定的「依戀羈絆」，
愛情
信賴

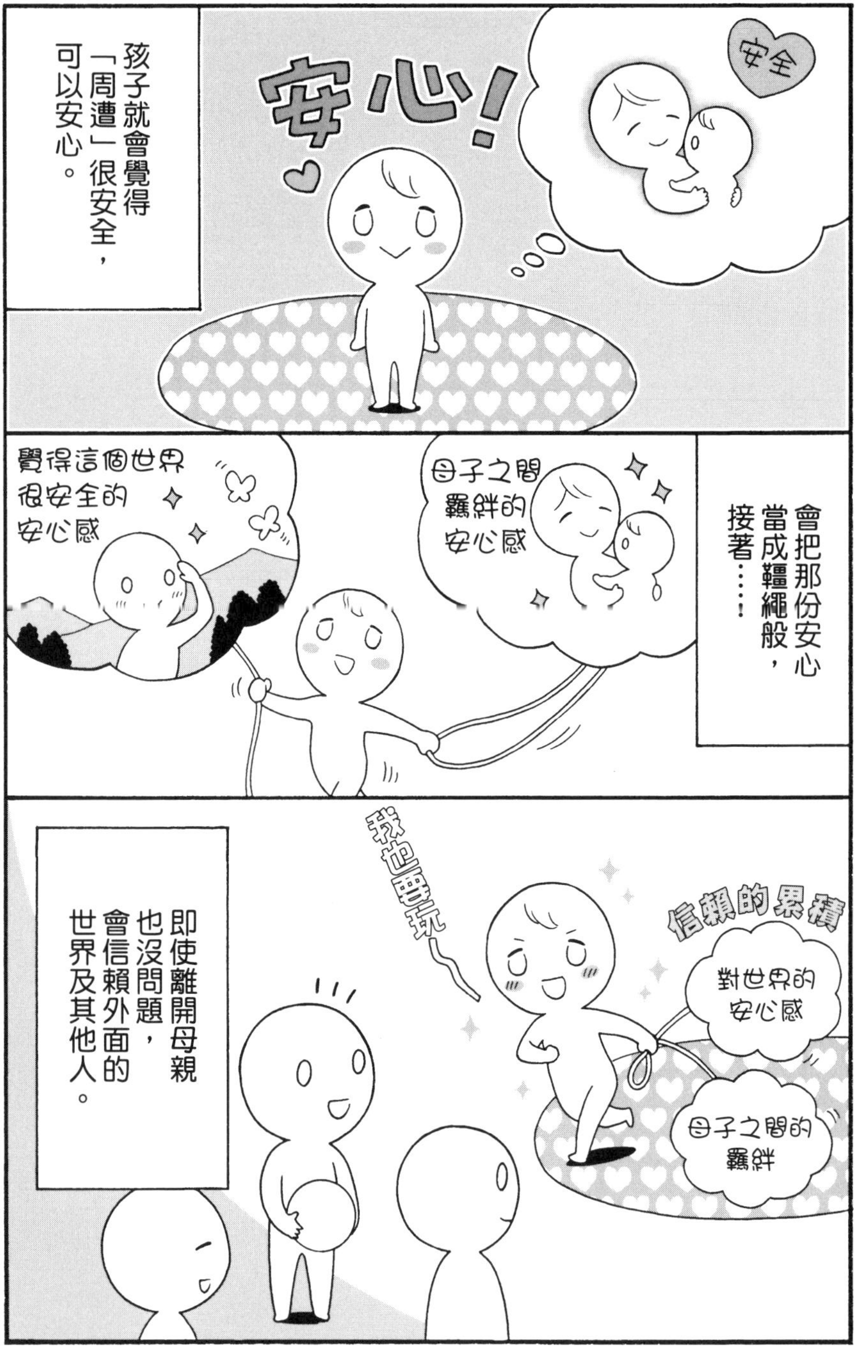

孩子就會覺得「周遭」很安全，可以安心。
安心！
安全
覺得這個世界很安全的安心感
母子之間羈絆的安心感
會把那份安心當成韁繩般，接著……！
即使離開母親也沒問題，會信賴外面的世界及其他人。
我也要玩～
信賴的累積
對世界的安心感
母子之間的羈絆

反言之，
因為不安而離不開母親，就是沒有形成穩定的依戀羈絆。
……有這樣的可能性。
對了，我就是從小經常覺得不安，離不開母親，
我忙死了，不要黏著我啊！
真是的！
所以也常因為這樣挨罵…
穩定
安全基地○
不穩定
安全基地×
擁有靠依戀羈絆相連結的對象，就能形成「安全基地」。
在緊要關頭，有可以毫無顧忌地
回去、好好休息的容身之處，才能安心地去冒險。
慢走喔。
痛苦的時候、疲憊的時候，隨時可以回來喔。
容身之處
好，出發！
會成為對人關係積極，抗壓性也強的孩子。
那麼，總覺得不安的我是……

小時候沒有可以稱為安全基地的場所。
嗚咽
可以安心的地方在哪裡～
說不定現在也還沒有。
……
難道乃采香也沒有安全基地？
我不要！
我討厭媽媽！
不，或許應該說我沒有成為她的安全基地……
SAFE BASE
我說過，不穩定的依戀模式，很容易在親子間遺傳。
漠視？拒絕？
…
安全基地也一樣。

如果自己處於沒有安全基地的狀態，就很難成為孩子的安全基地。
不安
不知道可不可以依賴
SAFETY ZONE
所以，為了孩子，首先，
陽子小姐必須擁有安全基地。
醫師，我……
為了女兒，什麼都願意做！
怎麼樣才能擁有安全基地呢？
那麼，我來詳細說明吧。
待續……

column 11

成為「安全基地」的重要關鍵

對夫妻及親子關係非常重要的「安全基地」。自己該如何做才能成為另一半及孩子的安全基地呢？介紹三個絕對要掌握的重點。

安全基地的條件 其1「安全感」

〈安全感的保障〉比什麼都重要。不要說傷人的話，也不要控制對方。**成為讓對方覺得「跟這個人在一起不會受傷害」的人**，是基本中的基本。

看似理所當然的基本原理，實際付諸行動，可沒那麼容易做到。例如，因為擔心就東問西問對方不想說的事，也是威脅到對方安全的行為。即使懷疑孩子是不是在幼稚園或小學遭到霸凌，**在對方主動提起之前，也不要逼問，最好從無關緊要的事說起**，這樣才是符合安全基地的態度。

此外，與每次的應對方式都不一樣的人相處，對方也不能安心。尤其是小孩子，必須在一定的規則內，才能安心。**要盡可能採取一貫的應對方式，不要因為大人的心情、方便與否，有時回應對方的需求，有時不回應**。

太過斥責孩子，也很難發揮作為安全基地的功用。不只對孩子是這樣，對大人也是一樣。當然，我並不是說完全不能斥責的關係性最好，但是，斥責帶給對方的打擊非常大。給予強大的壓力，也可能反而導致叛逆，使問題越演越烈。

安全基地的條件 其2 「應答性」

所謂「應答性」，簡單來說，就是針對對方的舉動，做出某種反應。例如，在對方說什麼時，做出給予關注或回答之類的反應。

即**「對方有需求便給予回應」的姿態**。擁有「自己有需求時會回應」的人，可產生「在緊要關頭有人可商量」、「有人會保護我」的安心感。

此外，**速度也是重大關鍵**。當我們需要幫助，卻一直得不到回應時，都會感到不安吧？不論是不是SOS，都會快速給予回應的存在，會創造出「有人在保護自己」的安心感。不能馬上採取行動的時候，也一定要先給個回應。

相反地，**在對方沒有需求時，不要多管閒事**才是明智之舉。非一廂情願的溝通、往來，或許可以說是「應答性」的最基本要件。

當然，並不是在對方有需求時給予回應就行了，要做到那樣，平時就要關心對方、守護對方。幼年時期就不用說了，即使到了青春期變得叛逆，內心也都需要父母的關懷。

安全基地的條件 其3「共鳴性」

這裡所說的共鳴性，**是去察覺對方有什麼感覺、有什麼需要**。或許應該說是「感受性」，與前面說明的「應答性」相關。要了解對方真正需要什麼，必須先經過揣測對方心情、想法的過程。

雖是為對方著想的合理意見，但說的都是自己想法的人，也不能成為安全基地。**首先，要傾聽、應和對方的話，發揮感受性去了解對方的感覺，站在當事人的立場產生共鳴**。即使內心想「對方應該怎麼做」，在對方沒有要求之前，也不要插嘴提出自己的意見，只要說：「原來是這樣的心情啊。」完全接納就行了，這樣才是作為安全基地的正確姿態。

面對小孩子，要考慮到他們眼中的世界，與大人的世界不一樣，**不要用大人的理論來裁決小孩子的心情**。

chapter.8

我與對方是不同的思考迴路

•

打造「安全基地」的指南

這次的主題是「如何取得心的安全基地」。
是！我會努力！
MEMO
唷唷，衝勁十足呢～
但是，
HAHAHA
陽子小姐，妳一個人努力也沒用。
咦？
「這裡很安全，可以放心」！
「回到這裡就能靜下心來」！
「在這裡什麼話都能說」！
口若懸河
爽朗活潑
滔滔不絕
SAFETY ZONE
要建立可以這麼想的心的安全基地……
你是我的安全基地！
喔——
耶——
妳也是我的安全基地！
需要能彼此這麼想的對象。
SAFETY
TRUST
所謂對象是……？

陽子小姐可以選擇先生。
閃亮—
咦？
可……可是，
我跟老公說話，只會不安……
我比較想選擇醫師……
安全基地最好是親近的他人。
如果不能找家人或配偶，也可以找戀人、朋友或工作夥伴……
配偶
朋友
工作夥伴
家人或夫妻之間，很難辦到的案例不在少數。但是，
依我看，你們兩人沒問題，
是彼此可以成為安全基地的關係性。
是這樣嗎……

話說，
想要在親近的人當中打造出安全基地，
可以推心置腹地交談嗎？
咔
最重要的是「能不能無話不談」，
能不能毫不隱瞞、毫無顧慮地說出心中所有的話。
你們可以吧？
閃亮
我們不可以！
因為
說出心中所有的話，我家每天的氣氛都會很糟！
哈哈哈
哎呀，失禮了……
其實，我是故意那麼問的。
討厭啦，醫師！
請不要嘲笑我嘛！
可是，累積越多真心話，往往會產生更大的反作用。
咦，好重！
咦？
真心話堆積如山
沉甸甸
真心話
不要太壓抑……同時也試著去傾聽對方的真心話吧？

噢～
他會說真心話嗎？
噢，現在？
唉～算了。
他好像連說話都覺得很麻煩呢……
若對他說「請說出你真正的想法！」他會不會退縮呢？
會退縮吧。
哈哈哈
因為妳先生是迴避型。
要傳達真心話、或問出真心話，只要針對迴避型特別下工夫就行了。
盡可能不要情緒化。
為什麼～！
為什麼呢？
爽朗
選擇不會讓對方覺得被依賴的措詞。
可以的話，我希望你幫我做〇〇，不行的話也沒關係。
為什麼不幫我做〇〇呢？
根據事實說話。
反正八成是〇〇……
不知道的事，直接確認！
是〇〇吧？
是〇〇嗎？
這樣妳先生也會安下心來，逐漸改變自己。

……
說得好像只有我必須為老公費盡心思？感覺有點不爽。（真心話）
不安型的人往往會要求對方付出與自己同等的努力。
期待的向量
我正在努力，你也要努力。
要跟我一樣努力！
鏘—
驚
聽得到我的心聲……？
迴避型的人，不能忍受他人的期待，
期待之箭的光線
射—
期待
快做
快做
快做
期待
興趣
射—
缺缺
期待
所以越要求越會得到反效果。
而不安型的人，對對方的期待越大，
我希望你幫我做〇〇。
無意義的比較
他不肯幫我做〇〇。
??
為什麼？
得不到相對回應的焦躁就越嚴重…
現實中的丈夫＜＜＜＜＜＜理想中的丈夫

最後，覺得不開心的迴避型，會躲進自己的殼裡，使不安型感到更孤獨。
不理睬
……
禁止進入
重擊
不安…
根本不可能成為彼此說真心話的關係。
回想起來……我好像真的常說「為什麼不幫我做」……
我那麼說只是覺得不安……並沒有責怪他的意思
所以老公才會躲進殼裡，都沒有反應嗎……？
喔！
陽子小姐，這是很好的角度喔！
距離太近，無論如何都會使視野變得狹隘。
如果是關係親近到可以成為安全基地的對象，
妳的區域
我的區域
就更應該從退一步的角度去體貼對方。

啊……
原來如此……
「我們是夫妻啊！」
「你為什麼不能為家人著想呢？」
我只想到「我們是家人啊」，完全沒顧慮到老公的心情。
難道
我老公並不是不說真心話，
而是我的言行，讓他說不出真心話……？
對方跟自己說不定是完全不同的思考迴路——
這樣的認知，是得到「安全基地」的第一步。
1步
不要想「如果是我會這麼做」，
要去想「對方是怎麼想的」……
如果是我會這麼做……
煩躁 煩躁…
這個人不擅長這種事，
所以才會這樣吧……

Excellent!
陽子小姐，這樣就對了！
撒花
咦，被稱讚了……！
現在的陽子，可以靠近迴避型的先生，
建立起安全基地了。
那……那麼，
育兒也不會有問題……？
擁有安全基地的母親，
SAFE BASE
親子彼此就是安全基地。
請務必以這種關係為目標。
對了，
家人相處融洽與否，也與孩子的健康及智能指數相關。
還與那種事相關？
我不能再這樣下去了！
那麼，我一定要跟老公融洽相處！
慢走喔
陽子小姐好像沒問題了……
我的任務也快結束了。

安全第一

chapter.9

為了讓一家人都活得輕鬆自在

•

要以「回顧的能力」改變未來

半年後。
早！
……早
啊——已經中午了？我睡太久了。
浪費了大好時間
難得平日休年假，偶爾睡晚點，沒關係啦。
我也剛剛才起床
啊，早餐要吃什麼？
Ice cream on French toast
Butter & Anko on toast
法式吐司加冰淇淋，還是豆餡奶油麵包？
冰淇淋！啊～等等，豆餡奶油也不錯～
嗯～
怎麼辦，好煩惱～
呵呵，其實我是偷懶……
那麼，都吃吧？我去沖咖啡。
好耶！謝謝。

嚼嚼
幸福～
我去看一下信箱。
嗯～天氣真好!!
伸展
最近有種……「活得很愜意」的感覺。
唷，
這不是陽子小姐嗎？
好久不見。
岡田醫師！
哇
有半年沒見了吧？
妳好
最近您不像以前那樣常出現，我還有點擔心呢。
以前我會感應到陽子小姐的SOS信號，但是，
像這樣感應到SOS
嗶—
最近好像平靜下來了。
沒錯！那之後我仔細思考了與老公相處的方法……
最近相處得非常好。
喔，太好了！
具體上，妳做了哪些事呢？

也沒做什麼偉大的事啦～
只是在老公讓我覺得煩躁時，
我要跟你談談……
晚安—
溜—
煩躁
煩躁
我已經學會去思考，是不是自己提高了期待值，
好好為家人著想嘛。
再多做一點嘛。
陽子的理想
什麼都別說，幫忙就是了。
對不起……
丈夫的現狀
而老公「最怕被期待」，所以，
啊！
他在煩惱……？
……
我會小心不要給他太多壓力。
剛才的說法，只會產生反效果…
更不會造成壓力的說法是什麼呢？
嗯—
MEMO

剛開始很容易累積不滿，但是，
為什麼只有我在努力？
我這麼做，都是為了你啊。
你多少也替我想想嘛。
為什麼！
啊哇哇哇哇
某天，忽然……
匡啷匡啷
拍拍
我去寫祈願的繪馬木牌。
嗯。
奉獻
難道，
祈禱全家人健康
成績進步
健康
祈禱中獎！
老公的繪馬木牌
家庭平安
家人健康
原館 夫
祈禱考上
希望有女朋友
祈禱優勝
咦，只有這樣……？
好簡單……
老公對我的要求並不高？
多用點心聽我說話嘛
家人都健康平安
那麼，回家吧
我有了這樣的察覺。

然後就莫名地覺得輕鬆許多……
扔
啊～老公也累了，我也睏了，不要再努力了，不管了～
我以前可能做了很多不必要的努力。
原來如此。
還有，老公尤其害怕沉重的氣氛，所以，
我會注意不要太嚴肅！
反正嚴肅只會讓自己煩躁……
盡可能跟他聊輕鬆的話題，
今天在賣冰淇淋的新商品—
這個！
啊—
現在很紅，我一直想吃呢
結果聊到他喜歡的話題，他還會說個不停呢！
滔滔
不絕
雖是冰淇淋牛奶卻很濃郁
沒錯，迴避型的人很容易接納與自己同樣興趣、嗜好的人。
原來是這樣啊……
我可以從無關緊要的談話，切入乃采香的話題了。
對了，乃采香也喜歡甜食，會不會蛀牙呢？還好吧？
……！
沒問題，都有做定期檢查。
以前我一提起，他就退縮了……
NEKO

現在他也會思考乃采香的未來，給我各種提議。
怎麼樣？
情感教育
露營
寵物
才藝教室
ABC
英文會話
音樂
嗯、嗯
知道他並不是完全不在乎，我好開心……
可能是因為老公比以前願意聽我說話吧……
這是爸爸的－
乃采香竟然……
感覺家裡比以前溫馨多了。
這一定是因為彼此發揮了
彼此作為安全基地的功能。
太好了！
既然現身了，
就來複習一下心的安全基地吧。

安全感的保證

不威脅，傷害對方，
提供可以安心的場所。

執拗地責怪、逼問，採取
把責任轉嫁給對方的態度。

感受性（共鳴性）

想像對方的感覺，
產生貼近對方心情的共鳴。

說沒神經的話傷害對方，
否定對方的情感。

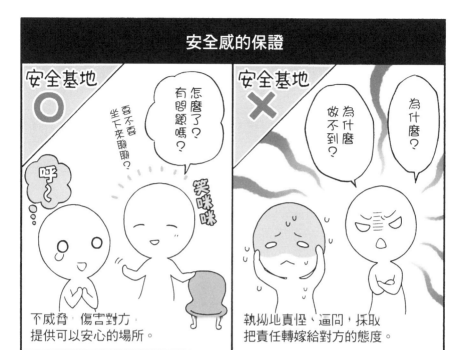

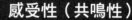

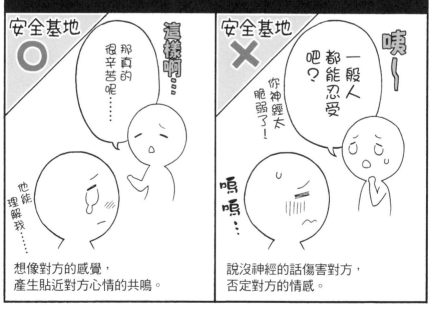

應答性

對方需要幫助時，盡可能早點回應，不要做沒必要的事。

對方需要幫助時，
不是不幫就是反應太慢，
盡做對方不需要的事。

穩定性

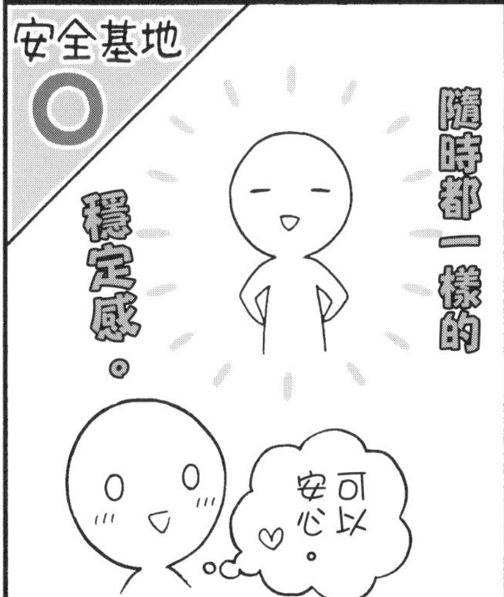

不會隨心情改變態度，
盡可能採取一貫的應對。

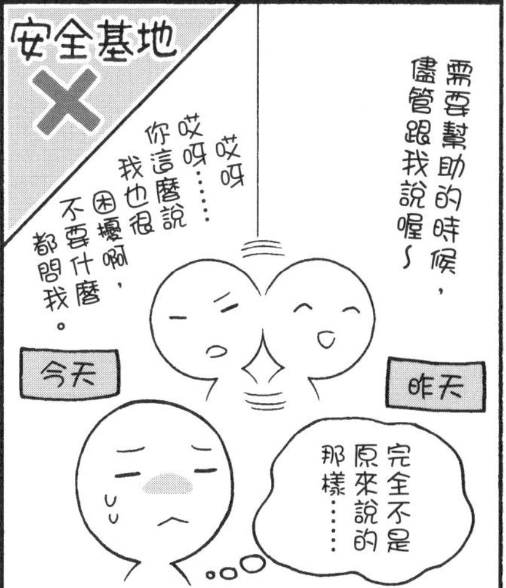

態度會隨心情不斷改變，
做敷衍的回應。

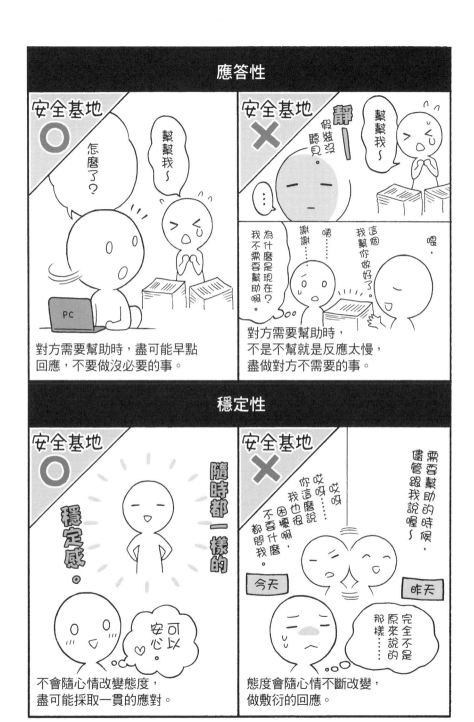

不必偽裝自己，什麼話都能說——身旁有這樣的人存在，
即使有依戀的創傷，也能漸漸地痊癒。
大腦可以理解，要付諸行動卻很難，所以……
我都像這樣記下來，隨身帶著走。
喔！陽子小姐果然很用心。
即使這樣，還是會忍不住想逼問老公，
或是把自己的煩躁發洩在乃采香身上。
唉～為什麼？
唔！
快點做！
不要～！
妳已經有了「回顧的能力」，所以沒問題了。
回顧的能力……？
或許也可以說是內省的能力。
就是能觀察自己的心的動態，
現在的陽子小姐，已經培養出那樣的能力了。

咦，我什麼時候有了那種能力？
回顧的能力？
經常站在對方的立場思考，自然能培養出這種能力。
………
醫師，以前的我……
不知道為什麼，總覺得活得好辛苦。
好痛～
我好怕，我不行～
因為不想增加不安、不想被傷害，所以好像都只想著自己。
但是，經過醫師的種種教導，
我不再想「怎麼做自己才不會覺得辛苦」，
而是想「該怎麼做才能讓老公和乃采香過得幸福」。
說歸說，還是會想到自己啦～
我ooooo
我那樣
我這樣
我也ooooo
大家一起

然後，漸漸地，
活得很辛苦的感覺就消失了。
有強烈的依戀不安的人，
在有了職責之後，通常會往好的方向發展。
有了職責……？
有了工作或育兒等自己該做的職責，
就會努力完成職責。
在那麼做的過程中，心會穩定下來。
育兒
工作
兼差媽媽之山
衝啊—
喔—
已經爬到這裡了……
呼 呼
成就感、充實感
七成高度

陽子小姐在「為家人」設想、行動中，
自己也得到了療癒。
醫師，我……
我還有很多地方做得不好，也還有很多事還沒解決，但是……
我覺得我的家，可以成為
彼此互相是安全基地的家庭。

然後，我希望在我的養育下，
乃采香長大成人後可以成為心愛的人的安全基地。

column 12

自己成為自己的安全基地

本書是以夫妻或家人成為彼此的安全基地為目標，但是，有些案例就是很難做得到。如果勉強去做，造成更大的傷害，把關係搞得更僵，那就本末倒置了。

這時候，也可以讓工作上的前輩或上司、戀人或朋友等身邊親近的人，發揮安全基地的功能。或者，也可以倚靠值得信賴的醫師或心理諮商師。未必一定要是家人。

不過，若是倚靠身邊親近的他人，就不可能要求他們隨時陪伴在側，提供細心周到的保護。若是期待隨叫隨到的關係，會造成對方很大的壓力，也可能陷入不健全的依存關係。

那麼，該怎麼做才好呢？

一是**自己成為自己的安全基地，不要對自己過於嚴苛。不要成為完美主義者，接納原原本本的自己，提升在現狀中享受生活的技能。**

二是**學會擁有安全基地的技能**。依戀是相互性的結構，自己發揮身為安全基地的作用，對方也會在不知不覺中慢慢變成對自己而言的安全基地。

然後，對兩者來說都很重要的是，漫畫中提到的**「回顧能力」**。「回顧能力」**是自我反省的能力，同時也是理解對方心情的能力**。是不被自己的想法困住，能夠退一步，從廣大的視角去理解他人的想法，客觀地觀察事情的能力。

依戀有創傷的人——尤其是不安型的人，特別會有凡事都往壞處想的傾向。把注意力擺在事情不好的一面，當然容易生氣、不安，這是損己的事。能做到不立即判斷事情的好壞，如實接受現狀，就不太會被負面情緒控制。

這個「回顧能力」，可以靠鍛鍊培養出來。被視為實踐性修練而受到矚目的是**「正念」**（mindfulness）方法。把意識擺在存活的原點——

「呼吸」及「身體的感覺」上，累積「如實感受」的鍛鍊。漸漸地，就不會在自己體內毫無意義地擴大不愉快的體驗及不安的心情，而是坦然接受事實，找到妥協的方法。

若能靠回顧能力觀察自己，那麼，即使認為「對方這麼做非常不好」而大動肝火，也會想到「這是希望對方能如自己所願而產生的怒氣」。然後，或許會察覺，那份怒火正在做父母對以前的自己所做的事。

有這樣的察覺，就能避免讓自己最重要的人，承受自己不想承受的事，心也不會被憤怒控制。

提升「回顧能力」，不但能幫助自己走出童年時期被困住的咒縛，讓自己活得輕鬆自在，也能成為其他人的安全基地，協助他人活得輕鬆自在。

為成為所愛的人的安全基地而努力不懈，是斬斷纏繞著依戀的負面鎖鏈的捷徑。

來看看陽子小姐的筆記！

☆ 要注意與乃采香之間的溝通！

◎ 再煩躁也不能太責備她或太逼問她！

小孩子的世界跟大人不一樣……
盡可能去想像乃采香的心情、盡可能陪伴她。

◎ 采乃香有困難時，盡可能趕快給她答案！

「沒辦法馬上！」的時候，也要先做出什麼反應！

◎ 有沒有連乃采香不需要的事都擅自做了？要注意……

雖然可以馬上回應乃采香的SOS，但有沒有覺得「這是為她好」而擅自為她做了種種事呢？要注意……

◎ 不要因為心情而改變態度！

媽媽心情好的時候，跟煩躁的時候，如果態度兩極化，

會讓她不安！

- 自己也要做好自我管理，不要煩躁！
- 不要累積太多不安的事，最後爆發。
- 要能把擔心的事，高明地傳達給老公…

枚
1個
1湯匙
1/2湯匙
些許

★ 注意與老公之間的溝通！

◎ 總之，要記得「他是很討厭沉重話題的人」！

有事要跟他說的時候，盡可能不要情緒化，

不要營造出沉重的氛圍。

我很容易
情緒高亢……
要小心……

◎ 他不想說的時候，不要逼問他。

有壓力、有擔憂時，他似乎不太想告訴別人？

若是我，絕對希望有人聽我說，但老公跟我是不同類型……

◎ 即使他沒有察覺，也不要煩躁，好好跟他說。

老公或許沒那麼擅長共鳴或察覺這種事。

他就是那種類型的人，所以心想「要察覺這點嘛！」而煩躁不已，

也只是浪費時間！

用心思考措詞，
具體傳達！

常常忍不住這麼說……

◎ 不要用「為什麼不幫我做～呢？」之類的說法！

岡田醫師說不安型的我，很容易對他人有太高的期待。

最好使用「如果你能幫我做～我會很開心」

之類的說法。

老公好像不太喜歡別人把期待強加在他身上……

後記——找回加法而非減法的愛情

岡田尊司

父母是否愛你、珍惜你，不是你本身可以掌控的事。任何人都無法選擇父母。幸運的人，或許會有尊重自己想法的父母，在均衡的愛中長大成人。不太幸運的人，可能父母忙於其他事，從小就得不到什麼照顧；或是相反，父母耗費太多心力在育兒上，變成父母的想法總是優先於孩子意志，因此覺得被強勢的愛情壓得喘不過氣來。若是前者，會放棄對人的期待，不相信愛情，甚至覺得麻煩。反之，若是後者，自己也會在不知不覺中，把想法和心情強加在周遭人身上。很多人都有那樣的習性，然而，至今發生的事，就某方面來說，都是你無可奈何、無法解決的事。

但是，從現在起不一樣了。即使得不到父母的愛，只要能察覺發生在自己身上的事，就能改變自己的行動，小心不要把心愛的另一半和孩子捲進來。這樣，你就能選擇自己的人生，創造幸福的人生。

實際上，際遇不佳，在缺乏父母愛情的狀態下成長的人，如果可以站在對方的立場思考，不要把自己以前遭受的同樣不幸的「愛的方式」，使用在另一半和孩子身上，也能完美地建立起愛的關係。

自己沒有辦法決定自己是否被愛，但透過自己有意識地努力，就可以讓自己更懂得如何去愛人。

幸運的是，所謂「依戀」是相互性的結構。即使自己不被愛，只要自己愛著對方，就會在照料的過程中產生依戀，不久後對方也會覺得你很重要。如果對方有違你的期待，老是傷害你，那麼，也有可能是對方覺得你的愛或照料還不夠。被對方的反應氣得快發飆之前，不妨先回顧自己的照料和愛情是不是比以前少了？這點也非常重要。

當然，原因未必都在你身上，也可能跟工作壓力或另一半的父母相關。不過，可以確定的是，那個人覺得自己很不幸，需要你付出更多的愛情和關懷。

你自己也想得到更多的愛，卻老是被要求付出，可能也會覺得很不耐煩。這種時候，就是用減法在思考愛情，覺得老是自己在付出，太吃虧了。

但是，真正的愛情是加法。有付出，愛情和喜悅就會增加。找回完美的愛的方式，就是找回加法而非減法的關係。在你為某人付出愛情與照料時，必須抱持自己也能得到喜悅的心態，這是讓另一半、孩子和自己都能幸福的最好辦法。

本書若能成為接近那種完美的愛的方式的小小一步，則感幸甚。

二〇一九年一月

後記

原WATA（漫畫）

感謝各位閱讀這本書。

至今以來，一直以為是天生性格的行為，
竟然是幼年時期的環境造成的「思考習性」，太令人驚訝了。
在我振奮起來，想「改變自己的性格」時，
曾被說過「性格是無法改變的」。
但是，既然那種行為不是性格而是思考習性，
那麼，應該可以靠技巧、努力來改變。

自己與對方一定都有某種思考習性。
找到自己的思考習性，或是對方的思考習性，
說不定就能讓溝通產生變化。
「那個人好難應付～」越是讓你這麼想的對象，

與自己的思考習性越是有天壤之別，這種差別說不定很有趣。

除非遠離人群，過著神仙般的生活，
否則無論如何都避免不了人際關係。
依戀類型不論是不安型或迴避型，
都有在人際關係上很容易出現問題的共同點。
但願這本書對大家每天的溝通多少有點幫助。

閱讀到這裡的各位，
以及在製作這本書時給予協助的各位，由衷感謝你們。
為我講述寶貴內容的岡田尊司醫師、
為我製作美麗畫面的伊東ＦＵＭＩ老師、
以及為本書精確地編輯的西條責編，
真的非常謝謝你們。

書籍設計　千葉慈子（Anbutter Office）
校對　川平いつ子
DTP　川里由希子
編輯　西條弓子

◎參考文獻

本書收錄的專欄內容，是參考以下書籍編輯而成。

《愛着障害》岡田尊司（光文社新書）
《愛着障害の克服》岡田尊司（光文社新書）
《愛着アプローチ》岡田尊司（角川選書）

為什麼老公都不聽我說話？
專科醫師解開夫妻溝通不良的關鍵報告

原著名＊話を聞きたがらない夫　悩みを聞いてほしい妻　精神科医が教えるコミュニケーションのコツ

作　　者＊原ＷＡＴＡ、伊東ＦＵＭＩ
監　　修＊岡田尊司
譯　　者＊涂愫芸

2020 年 2 月 24 日　初版第 1 刷發行

發 行 人＊岩崎剛人
總 經 理＊楊淑媄
資深總監＊許嘉鴻
總 編 輯＊呂慧君
編　　輯＊林毓珊
美術設計＊李曼庭
印　　務＊李明修（主任）、張加恩（主任）、張凱棋

台灣角川

發 行 所＊台灣角川股份有限公司
地　　址＊105 台北市光復北路 11 巷 44 號 5 樓
電　　話＊（02）2747-2433
傳　　真＊（02）2747-2558
網　　址＊http://www.kadokawa.com.tw
劃撥帳戶＊台灣角川股份有限公司
劃撥帳號＊ 19487412
法律顧問＊有澤法律事務所
製　　版＊尚騰印刷事業有限公司
I S B N＊ 978-957-743-523-1